JN410638

사랑은 너에게 맡긴다

박 인 태 제4시집

세종출판사

가능하다면

살면서 그리운 이름

하나 정도는 가져도 좋지 않을까

사랑이 많은 이지호와

예쁜 동생 조이에게

글을 쓴다는 건 나에게 주는 고귀한 충고.

사람의 사명을 다 하며 살고 있는지, 투덜거리며 불평하고 있지는 않는지 돌아보는 기회입니다.

시는 사람의 마을에 서 있는 고목나무입니다. 무심한 듯 지켜보고 있지만 담담하게 자신을 나누어 줍니다. 언어와 시가 살아가는 곳은 사람의 마을이라서 동네를 벗어날 수 없었습니다. 화려한 사랑이야기가 넘칩니다. 사람이 아름답다면 살아가는 이야기 또한 아름다운게 당연합니다.

충족시킬 것을 찾아가는 마음의 시
항상 찾아야만 했던건 아니었다
설정된 장면속, 대본에 있는대로
반복하기도 했으니까
그리고 나서 극장은
다른 것으로 바뀌었다. 과거는 기념품이 되었다.

마음의 움직임을 담아내는 시라는건

- 월러스 스티븐슨의 「현대시에 대하여」 부분

나는 평범하게 세월의 흐름에 따라, 갈 때는 가고 서야 할 때는 서면서 살아 왔습니다. 조금 다른건 가끔 의문을 가졌다는 것입니다.

이것이 무엇일까, 삶의 끝에는 무엇이 있는가, 시간이 전부인가 아니면 현재 보고 듣는 것이 전부인가. 이런저런 생각들의 답을 찾기 위해 노력했습니다.

그리고 잘라루딘 루미의 "여인숙", 한 구절처럼 조금씩 해답을 얻고, 조금씩 성장해 왔습니다.

> 인간이라는 존재는 여인숙과 같습니다.
> 매일 아침 새로운 손님이 도착합니다.
> 기쁨, 절망, 슬픔
> 그리고 약간의 순간적인 깨달음이
> 예기치 않은 방문객처럼 찾아옵니다.
>
> \- 잘라루딘 루미의 「여인숙」 부분

은혜로운 지혜를 나눌 기회를 얻기 위해, 그리고 소중한 사람에게 전해야만 했던 글을 썼습니다. 순간순간 우리에게 오고 있는 기쁨, 절망, 슬픔, 그리고 약간의 순간적인 깨달음인 사람의 세상을 이해하는 방식에 대하여.

항상 격려와 위로를 아끼지 않아 글 쓰는데 많은 도움을 주신 정강교님과 이수은님께 감사드립니다.

| 차례 |

칼잡이

저,
무섭고
날카로운 사람

노련하고 날렵한 자세,

예리한 단어로
살을 벤다

아픈
상처는 아물어도
흉터가 남았다

겨울 강변

섬뜩한 바람이
얇은 햇살에 밀려다니다
심하게 얼어 버렸다

얼마나 추운지
생각마저 얼어 붙어 움직이지 않아도
강변의 새들은 외면했다

더 가볍고, 더 부드럽게
천천히 날아 다녔다
정지 비행을 하듯, 둥실거렸다

한파에 또 더하여
꽁꽁 언 찬바람이 심한 날
새들은 날기 위해,
얼마를 버려야 저토록 몸이 가벼울까

새는 삶의 즐거움을 알고
무심하게 날고 있다
지금, 순간만큼은 추위보다도
날아 오르는 것이 전부다

삶의 능력을 가진 사람은 춥다
강변이 춥고, 빌딩 숲이 춥다
이성의 판단에 의한 두려움으로
아무것도 할 수 없는 사람들은

창을 닫는다

갇힌 방속에서 서성거렸고
강변에는 즐거운 새들 뿐이었다

새들은 소망이 바닥날때까지 날아보고 죽는다
하물며 그 새를 쫏는
강둑의 개들마저 한없이 달려보고 죽는다

우리는 무엇을, 한없이
쫏아가다 죽어야 할까

선물

선물은 사랑, 그리고
그 속에는 간단한 축복이 있다

아이를 키우듯
마음속 선물을 먹이고 입히며
축복에 감사하며
날마다 행복하다는 다짐

그러나 정확하게 보면
삶에 있어서, 선물은
누군가를 위한 노동,
가족을 위해,
나를 나누어 주는 행복한 행위

그렇게 아름답고 행복한 시간이 흐른 뒤
어느날 갑자기
선물은 어디로 갔는지 찾지 말자

선물은 전달되는 순간순간 사랑이 되어
기쁨을 주고 연기처럼 사라졌다

오랜 시간이 지난뒤

기억속 선물은
잊어버린 욕심이 되어
빈 다락방을 뒤지듯

기억의 방 여기저기를 기웃거리며
지난 순간의 선물을 찾는다

선물,
오직 진심만 담고
전달하는 순간의 기쁨과 사랑만 담고
주고 난 뒤 잊고
다시 찾지 말 것

설령 받은 사람이
쓰레기통속에 버렸을지언정

빈집

동네 약국 아저씨가 죽었다
큰일이다, 나를 위한 약국이 사라졌다
언제나 그 자리에 영원히 있어야 할
당연한 믿음이 사라졌다

가게는 문을 닫고
사람과 함께 동네를 지나갔다
몇 차례 동네 아이들이 성장하여
마을을 떠났어도 그 집 문은 여전히 닫혀 있었다

이제는 먼 기억이 되었다

옛날 이곳에 동네를 책임지던 사람이 있었다
폭풍우 치는 밤, 두려운 아픔을 위로받던 장소

가게는 문을 닫았고
주인과 함께 동네를 떠나갔다

족보처럼 기억해줄 것도 없고
과거의 영광을 보존할 자손도 없다

약국 입장에서는 대가 끊긴 것이다

봄날

찬 겨울,
험악하고 날카로운 바람에 시달린 것이라면

따뜻한 봄날,
누군들 세상을 두려워하겠는가

땅을 박차고 껍질을 뚫는,
정신없이 피어나는 꽃들

천국의 정원으로 모여든다

지옥의 정원은 어디였냐고 ?
얼어 붙어,
죽음과 같은 호흡으로 연명할 때였지

봄바람에 간지러운 미소,
날아 다니는 웃음소리

아이들 그림속에 언제나 등장하는
순수한 나날들

아름다움은 비참한 공포에서 피어났다

보이지 않는 것들

바람을 그리려면
바람의 길에 누워 있는 갈대를 그리면 된다

진정한 자신을 보려거든
태양을 등지고 있는 키가 큰
자신의 그림자를 보면 된다

하루는 언제나 잊어버리는 것에 익숙하고
현재, 지금의 나에게만 집중하는 습성 때문에
잊고 사는 진실이 많아도
때로, 가끔은 보이지 않는 것에 대한
안타까운 서글픔 정도는 있다

바람을 따라 가고픈 의문은 있다

바람속엔 아무것도 없지만
나를 흔들고 가는 의문
저것은 손인가, 마음인가

바람만이 신이 내린 문제의 전부일 수는 없다

그러나 바람의 속살을 안다면

영혼의 진실,
또는 삶의 전부를 알 수도 있다

우리에게 날마다 던져지는
존재에 대한 심각한 의문

영원히 볼 수 없는
바람의 형상을 볼려면
바람의 손길을 따라가야만 한다

흔들리는 나뭇잎, 흔들리는 꽃들
바람의 길에서 몸이 굳은 갈대

그래도 여전히 서운한 원칙
바람은 볼 수 없다
오직 흔적만 허락한다

신은 볼 수 없다
오직 흔적만 허락한다

뭔가 허전하면서도 위대한
간지러운 원칙

육백년된 팽나무

너의 고향 바다는 남쪽
지금은 메꾸어진 땅
소금기 사라진 화려한 전망대로 변해 있다

육백년된 땅에서 뽑힐때
삶의 끈을 놓으려 몸부림쳤다
새로운 부귀영화가 어디 있을까
차라리 희망, 새싹으로 다시 시작하자

그래도 살아 보고 싶은 열망은 강렬했다
사람의 손에 강제 이주하여
영양제로 살아남은 삶
사람의 흔적과 냄새가 강한 땅
번화한 도시의 불빛에 이끌려
연명하듯 겨우 숨을 쉬었다

육백년 만큼 휘어지고 비틀어지고
오른편 큰 가지,
언젠지도 모르게 떨어져 나갔어도
기세 좋게 버텼다

화려한 도시의 중심,

센텀 나루공원에서
끝없이 부귀영화를 누릴 수 있음을
연륜가득한 몸으로 보여 준다

허지만
육백년된 팽나무인 나,
천만세의 영화를 누린들

지나가는 행인에게는
봄바람에 흔들리는 나뭇잎
여름날의 시원한 그늘

그 이상도, 그 이하도 아니다
나는 그냥 단순한 나무

사람과는
서로 겪어온 삶과 인내를
이야기할 수 없다

서로의 삶이
서로의 눈동자에 그렇게 보일뿐

잊어버린 약속

마음이 실타래처럼 풀어진
여유로운 날,
생각이 사라진 날에는

어느 순간의 언약
약속이 떠 오른다

너를 사랑한다는 다짐,
문득 기억하며

지나가는 사람들이 웅성거리는 작은 소리
새들이 날아가는 모습에서
나뭇잎 흔들리는 모습에서
어느 때, 나의 맹서를 읽을 수 있다

설레이던 그때,
마음으로 주고 받았던 언약들
언젠가 너를 위한
진실을 보여 주겠다는 약속

언제나 너를 사랑하고 있다는 약속들
인연이 사라져 영원한 이별을 했어도

언약의 진실은 곁에 있는 듯 생생했다

감동이란
뜻 모를 사랑,
생각이나 의지와 상관없이 흐르는 눈물

기약없이 떠나간 서운함
홀로, 오랜 시간 쌓아 놓고
원망으로 만들었구나

그 모든 것이 한 순간에 부서졌다가
나타나는 사랑의 증거들

사랑을 위한 헌신의 감동은 모두를 적신다
당시 한 공간의 약속에 있었기 때문이다.

아주 오래전 일도 아니었다
지금 여기 있는 생각들이었다
날이 가고 달이 지나간 것으로 착각했지만

나무가 제 자리를 지키며 자라듯이
언제나 제 자리에 있던 약속들이었다

소리

아가들이

'엄마', 외치는 소리

그 속에서 울려 퍼지는
짜릿한 사랑의 전율,
등골이 오싹하다

한마디 말,
소리속에
모든게 들어 있었다

가족이 무엇인지
부모가 무엇인지
한 음절속에 존재하는
완벽한 단어

마음으로 듣지 못한다면
설명할 수 없는 소리
사랑하지 않을 수 없는 소리

소리속에는 감정이 들어있다

작은 성당

오래된 동네 한 복판,
주변의 초라한 집들에 묻혀 있는
작은 성당

일상의 혼란은 담벼락 하나 사이인데
정중한 기도와 신의 화려함을
저곳에서도 충분히 맛볼 수 있을까

작은 집들, 오래된 동네에서 유일한
나무 한 그루, 성당 귀퉁이에서
하얀 벚꽃, 불 밝혔는데

혼잡스럽게 성당을 포위하듯 올라가는
가난한 동네의
작고 초라한, 아우성치는
인간의 손길만큼 많은 집들
언덕 위, 동네만큼 초라한 작은 성당
저곳에
신의 은총은 충분할까

신의 옷자락만큼 평범한
작은 성당

함정

삶은 함정이다
나락으로 떨어지면 깊이가 없는 추락

너는 라일락 향기 살랑거리는
신데렐라, 행복의 증거라고 외쳐도
속지 않는다
이등은 이등
일등은 어렵다

너는 최악의 인생
생을 포기하라 일러도
굽히지 않고 일어서는
기막힌 승리
일등이다

어떤 주문을 외워도
일등은 일등
꼴지는 꼴지

삶은 함정이다
떨어지면
어둔 속을 알 수 없다

맹목적으로 삶을 사랑해야 겠다

아니면
나른한 봄, 무의식적으로
잠을 털고 벌떡벌떡 일어나는
어린잎들
하늘을 향해 힘찬 삶을 내뿜듯이
삶에 취해

삶의 늪에 빠져
허우적 거리겠다

새 소리

검푸른 새벽
여명
숲은 어두웠다

묵직한 침묵속에서
깨어난 새 한 마리
날카롭고 청명한 소리
덩치 큰, 어둔 숲이 울린다

어둠이 물러가는 새벽
잠이 들었는지, 죽은 듯
숨소리조차 들리지 않는데

넋을 부르는 듯
깊고 높은
새 울음소리

어둡고 무거운 숲
나무들, 하나하나 천천히
선명한 모습으로
다시 이승으로 돌아오는
새벽

물고기

맨 몸뚱이, 하나
물고기가 살고 있다

알몸으로 물속을 방랑하며 걱정은 없다
추울 것인지, 더울 것인지
먹이를 찾아 이곳저곳
더듬고 유영하면서
부족한 먹잇감을 염려하진 않는다
다른 물고기가 낚아 채 갔다고, 빼앗겼다고
저주하거나 복수하진 않는다

다음번에 좀 더 빠를 것을
자신에게 요구할 뿐이다

집이 없음을 걱정하지 않고
오늘 굶었다고 낙담하진 않는다

부지런히 돌고 돌아, 온 동네를 헤매면서
하루를 보낸다

물고기가 물속에서 살고 있다

수족관

바다 내음 횟집
뒷편 수족관

망태기에 담긴 문어 한 마리
끝없이 발버둥 친다
키조개는 입만 벌리고
겨우 버텼지만
이대로 죽기 싫다, 문어는
사생결단의 발버둥 쳤다

그러나 수족관에 떨어지는 물속에는
산소가 가득하다
절대 죽지 않는다
이쯤 되면 누구라도,
수족관 옆 네 개의 가스통에
불을 붙였을 것이다

횟집 주변, 저녁 불빛 찬란한 고층 아파트
편안한 휴식, 그러나
사람의 거리에는
발버둥이 가득했다
추어탕, 오리, 돼지, 한우 불고기 집

차라리
휘어질땐 휘어지는 것이 좋지 않은가

저
헛발질하는 빨판의 허무한 행위
가족을 위한 헛발질처럼

살고자 하는 저 몸부림
무한대의 생존 본능

저것만으로 충분한 삶을 누리고 있는 건가
사람의 무한 헛발질처럼

낯선 시간

시간이 너무도 빨리 지나갔다

아침이 지나자
어김없이 정오의 햇살이 떨어지고
아이를 돌보고
장사를 하거나,
어떤 일을 하면서
바쁘게 걷고
사람을 만나 대화하고,

시간이 너무 빨리 지나갔다

만나는 시간마다
미래인 나중을 약속하면서
지금 서성대는 이 공간은
어제 또는 과거에 약속한 그 장소다

시간이 너무 빨리 지나갔다

순식간에 지나가 버려
모든 그림들이 환상처럼,
어둔 그림자로 스쳐갔다

잠시, 잠깐 사이

모든게 변했다
모든게 사라졌다

나에겐 짧은 시간이었지만
세상은 이미 바뀌어
어제의 흔적은 없다

기억을 더듬어 억지로 끼워 맞춘
옛 그림을
누가 이해하며 관심이나 갖겠는가

지금은
지금의 시간만이 지배한다 해도

되돌아볼 여유도 없다

이국의 신부

– 대한민국에 생을 바친 외국의 성인들

청초한 나이
강인한 젊음, 뜨겁던 열정

말씀 하나에 영혼을 실어
이름 모르는 초라한 땅에서
사람의 나라, 풍요로운 천국을 가꾸었다

가난했던 아이는 건강하게
사람의 삶을 누렸어도
열정을 탕진한 사랑은
돌아 갈 곳 없는 외로움되어
영혼을 흔드는 향기,
사람의 꽃이 피었다

천국에는 천사가 있듯이
땅에는 성자가 있다

위대한 성자, 왜소하게 보여도
누구도 침범할 수 없다
하늘이여,
너 역시 오만을 벗고 성자에게 경배하라

완벽하다

푸른 하늘을 배경으로
장대하게 서 있는
늠름한 나무
청량한 새 소리

완벽하다

높은 건물, 모서리를 따라 하늘 깊은 곳으로
올라가는 인간의 염원

완벽하다

허공에 우뚝 선 높은 산
절대적 신호가 담긴 웅장함
산은 홀로 서 있다
산 외는 아무것도 없다

완벽하다

보는 자는
보이는 대상과 더불어 살고 있다는 확신같은
어떤 의미를 만들어 자신을 안심시킨다

밀담

신선한 아침
오래 살아온 동네 입구,
이 거리를 걷는 사람들을 다 알고 있다
모르는 얼굴은 없다

지난 시절
저들과 나 사이엔 어떤 밀담으로
서로를 알아보며 인사하고 있을까
시간으로 보면
왜 하필, 오늘이며 지금일까

그 많은 공간중에
왜 하필, 여기일까

의외의 사건으로 힘든 한 주간을 보내고
집에서 정신 놓고 쉬는데
꿈에도 원하지 않은 수리공은
왜 하필, 오늘 작업중일까

공원을 어슬렁 거릴때면 나타나는 걸인은
어김없이
왜 하필, 나에게 돈을 구걸할까

이 모든 사람들과의 일상이
언제적 밀당의 결과일까

행운같은 우연이란 없었다
시험은 범위내에서 출제되었으며
입장권없이 들어갈 수 있는 요행도 없다

그래도 떨칠 수 없는 궁금증

살아가는 이 모든 것이
언제적 은밀한 약속이었을까

끝은 있다

종료되는 시점은 분명히 있다

하루의 해가 지듯이
끝나는 순간은 있다
오래된 일들 혹은 단순한 아침의 욕망,
간단한 식사까지도 마치는 시각은 있다

끝나지 않을 듯이 보이는건 오직 하나
너를 향한 나의 애정깊은 사랑뿐이다

그러나 그 마저도 끝은 있다
지금은 나의 삶 전부를 지배하고,
아름다운 삶, 목적은 분명히 너에게 있지만

누구도 말릴 수 없는 열정적 사랑
그 마저도 끝은 있다

목적의 끝에서 돌아보면
시간속에서 버둥대는 수없는 다툼들,
그러나 허무한 마음으로 보진 마라

그것은 또 끝이 아닌

새로운 시작에 불과 했다

사람으로 여정을 시작한 이후
마음의 길에는 끝이 없었다

누구든 처음 시작에는
뜻이 있었고 결론은 분명했다
어떤 행위에도 의미있는 목표는 있었다

거기까지는 치열하게 사랑했다

그러나 하나하나의 체험에는
어떤 이유로든 끝은 있다

그리고 진정한 나는
앞만 보고 걸어가며
새로운 삶을 누린다

그걸 세월이라 부르든
업이라 부르든

약속

너를 지킨다는 의지가
어느 순간 희미해져 가는 건
식었다는 의미

뜨거울수록 힘은 솟지만
점차 식어가는 것도 당연하다

뜨거울 때 보이지 않던 것들이
보여지기 시작하며
나타나는 불편함
그리고 의심

이것이 정말
아름다움이었을까

열정을 바치던 그때의 천사는 사라지며
점차 드러나는 악마의 진실
그렇다, 이건 아니다

무엇이 진실이고 거짓인지 혼란스러워 지는 때
당초의 열정, 아니면 식은 욕망
그리고 원망해야할 상대는 누구인가

천사가 퇴색하여 변한 것일까
아니면 사라진 욕구의 주인,
내가 식은 것일까

변화무쌍한 세상
영원한 것은 없었지만

어느날 문득 바라보면
화려한 아침의 태양아래
빛나는 아름다운 얼굴

두 번 다시 오지 않는다

언제나 지금이 가장 아름다운때,
후회하기 전, 지금 사랑해야한다

지금이 가장 사랑스러울 때

하루의 저녁

얼마나 많은 짐을 가져왔는지
책상에 쏟아 본다

쓰레기 더미속에서
빛나는 건 몇 개 없었다
모두 휴지통에 버리고

찬찬히 들여다보면
빛나는 것 두, 세 개

이내 의미를 잃고
시들해 진다

마저 버리자

오늘 하루도 빈 손

남은 것 없는 허전함을 위해
아침부터 저녁까지 그렇게 치열하게
이것저것 움켜 쥐고
살벌한 눈빛을 가져 왔을까

빈손이다

필요치 않은 것들을 위해
하루를 투쟁한 마음속엔

버려지지 않는
날카로운 감정들만 가득하다

주장

계속 말하여야 한다
끊임없이 논리를 강조하여야 한다

저음으로 호소하다가
고음으로 협박하며
끝없이 힘주어 반복한다

너에게 무언가를 나누어 준다는
포만감, 그것이 나의 우월함,
증명하기 위해 논리를 던지고
또 던진다

듣는 자의 입장에서는
달콤한 이야기, 꿈같을 지라도
솔깃한 향기가 마음을 움켜쥔다
문을 열고 방을 나서면
일상의 세상에, 그런건 없다

그래도 듣는 순간만큼은, 최면처럼
이야기를 따라 꿈을 꾸며
마음이 앞서 나간다

문을 열고 밖으로 나오면
입맛 당긴 꿈에서 깨어 난거다
밝은 햇살 아래 사물은 명료하다

논리를 주장한 사람은?
유명 인사가 되었지
햇빛 넘쳐흐르는 광장의 영웅으로 …

그때는 그랬다지만, 하늘아래 모든건
속절없는 말과 글을
진리라고 속삭이는 유혹에 불과했다

오만한 편견을 따라가고 있었다

평범한 사람을 이끄는
가장 고결한 성자의 진실도
가볍거나 무서울 때가 있다

이름을 남겨야 한다는
욕심의 밧줄을
목에 걸고 다니는 고유명사와
자유 분방하게 뛰어 노는 동사 탓이다

권력

나는, 날카롭고 긴 칼을 가지고 있다
물론 저들은 벌거숭이다

장난처럼 칼을 휘둘러도
저들은 두려움에 반항할 수 없다

시키는대로 복종할 밖엔
다른 도리가 없다

이 칼을 얻기까지 얼마나 고생하였는가
나 역시 저들처럼 떨며 복종했다

저들이 무서워하는 건
나의 인격도
능력도
팔뚝의 힘도 아니다
저들에게 가할 수 있는 공포를 가졌다는 것
단순한 그것뿐이다

누구도 감히 극복할 수 없는
극한의 악, 절대 권력

어느날 칼이 사라진다면
나는 어떤 사람일까

사람의 무리를 벗어나면
나는 어떤 짐승이 될까

우리는 형제나 가족, 잘 살아 보세,
다짐에 다짐을 받고 권세를 주었건만
우월한 자만에 부르르 몸을 떠는
저!
저!
저!
초라한 파렴치한

사람이 사는 곳이라면
어디서든 일어나는 계급의 구조에서
누구라도
우월한 자만의 권세에서
자유로운 사람,
있는가

이미 그렇게 되었다

움직이는 건 마음에 다 있었다
이미, 오래전 그려진 설계대로
벽돌을 쌓아갈 뿐이다

순서대로 가면 그만이다
달리 의심할 바 없다

마지막 한줄에 압축하자
영원히 살도록 놓아 두자
죽음이 연상되는 공포는 눈먼 욕심일 뿐이다

이것이 전부이며
이것뿐이라는 가난한 욕심, 버리자

가장 고귀하게 여기는 것부터 버리자
그러면 나머지는 한결
버리기 쉬워질 테니

움직이는 건 이미 마음에 다 있었다

뒤돌아 본다는 건
새로울 수도 있지 않을까라는 미련일뿐

할 일

나이가 들면서 할 일이 많아졌다

삶의 주변을 서성이는 기력없는 분을 위로하고
아직 세상물정 모르는 어린 아이들을 돌보며
우울한 친구를 격려하고
방황하는 자식들을 찾아다니고

차라리 먹고 살기 바쁘다고
일하는 것, 하나 외에는
모든걸 손놓고 살았던 때가 한가했다

나이가 들면서
특별한 결실도 없고
잘해봐야 본전일듯한데
바쁘기만 하다

그나마 위안이 되는 건
누군가를 위한 노력을 한다는 것

혈기왕성한 날에는
무엇을 하고 사는지
스스로 알았던 날이 없었다

정오 뉴스

한번씩, 시계가
과거 어딘가에서 멈춰 서 있는 느낌

정오의 라디오 뉴스, 낭랑한 목소리는
한낮의 열기에 나른히 녹아 들어

옥수수 높게 자란 시골집
오래된 낡은 마루위 시원한 밥상
밥과 상추, 매운 고추와 냉수 한 대접

햇살은 잎사귀를 흔들어 살랑이고
노동의 굵은 땀방울을 내려 놓은
공간의 여유
뉴스의 내용은 중요치 않다
이곳과 관계도 없다

맑고 선명한 남자 목소리가 사방에 울리며
뜨거운 열기를 삭이는
청명한 분위기

정오 뉴스, 깨끗한 꿈속에서
맑고 시원한 세상이 보인다

미련

그해 가을,
마지막 선물, 오곡은 풍성하여
마음이 허전한 사람은 없었다

대추나무를 털면 대추가 떨어지고
은행나무를 털면 은행이 떨어졌다
맛으로 느끼는
포만의 풍요로움

그러나
사람의 마음을 털면
알알이 맺힌 사연속

남아 있던
미련이 떨어졌다

일용할 양식도 아닌
분열된 감정

밤송이처럼 바늘을 가진 날카로움이
툭툭 떨어졌다

소리는 살아 있다

소리는 살아 있다

빗길을 달리는 자동차의 불편한 소음
부드러운 목소리
맑고 높은 여인의 노래
현악기의 음절 하나하나까지
소리는 살아 있다

침묵속에서는 소리가 보이지 않는다

내가 입을 열어야, 비로소
세상이 열린다

침묵속에 존재하는 소리는 없다

말없이 바라보는 건
침묵이 아니다
보는 순간, 마음속에서 일어나는
수없는 소리들

구름이 움직이는 소리
나무가 떠 다니는 소리

철저한 침묵속에만 소리가 없었다

소리는 살아 있다
맥박이 뛰듯이,

소리가 없다면 우리는 죽은 목숨이다

끈질긴 생명력으로
마지막 희망처럼
항해의 샛별처럼
소리는 살아 있어
나의 삶을 이끈다

누가 나를 불러주는
외침이 없었다면
나는 죽은 목숨이다

폭우와 강

어느날 과격하게 내린 비는
강으로 몰려, 강이 넘쳤다

준비가 없던 땅위의 전부가
강물에 휩쓸려 떠내려갔다

누군가의 소중했던 것들
가축 또는 가구까지

바위처럼 든든하게
영겁을 곁에 있을 것 같았던
누군가의 소유,
몽땅 떠내려간다

보는 자의 절망적 분노를 품은
강물은 붉은 황토빛,
누구도 접근할 수 없다
뒤섞인 분노처럼
여기서 욕심내면,
한 발짝만 더 나아가도
소중한 목숨을 내 놓아야 한다

강은 급하게 떠내려갔다

깊이도 모르겠고
저 속에서는 무엇이 어떻게 될지도 모르겠다

어제까지의 소중한 삶을
잃었다고 생각하는 사람들은 정신없이
떠내려가는 물길만 바라본다

'나는 모든 것을 잃었다'고 할뿐
'나는 가장 자유로운 삶을 살게 되었다'고
하진 않는다

허망한 이유를 수도 없이 되뇌이면서
모든걸 새것으로, 새롭게
시작할 수 있다는 생각은 없다

나의 삶이 사라졌다고 한다
하지만
너는 죽은건 아니라고 말하고 싶다

날마다 새로운 아침의 태양이 떠오르듯이

역사의 문외한

모르는 자는,
역사를 배신한 자

자신만의 삶에 안주하여
세상 물정 모르는
어리석은 평민

왕의 침실옆 밀실에선
세상의 흥망성쇠를 논하여 판단하고
전쟁을 결정하고
남의 재산, 평민의 재산을 약탈하여
죽도록 나의 배를 채워 비대해지고
왕이라 불리워지고
왕의 측근, 수족이라 불리워지면

역사를 이해하고
길이 남을 영웅이 되었다

나라를 구한 영웅은
또 누구를 구한 것인가
왕족, 아니면 역사를 모르는 무지한 평민

불쌍한 민초, 나를 구한 영웅이라지만
평민의 삶은 달라진 것이 없었다

결국 세금 거두는자
이놈에서 저놈으로 바뀐 것뿐

나라는 평민에게 요구만하였다
끝없는 공포를 주입한다
너와 네 집이 소멸되고
처자식이 노예로 살리라
그렇치 않겠다면 복종하라

왕이라 칭하는 무서운 도적의 협박

역사책을 뒤집어 보면 단순했다

거울의 뒷면에 아무런 장식도 없었다면
나와 같은 부류인 단순한 사람,
왕이라 불리는 간단한 이름이 있었다

비에 젖은 강변

강변의 잡초에게도 흔한 일은 아니었다

강물이 이토록 깊게 담기는 건
드문 일이다

밤새 큰 비가 왔고
상류, 산에서부터 내려온
물들은 성난 기세로 뭉쳐
술취한 난봉꾼처럼 설쳤다

마을은 밤새 잠에서 깨어
요란하고 시끄러운 빗소리와
강물이 다투는 소리를 들었다

강둑에서 삶을 움켜쥔
잡초들은 사정없이 흔들리며
몇 차례나 강물에 잠겼다가 나왔다

도대체 누구의 의지로
여러 이웃을 괴롭히는 것일까

딱히 죄지은 것도 없고

분노할 일들도 없는데
잡초에게 이런 일이 생긴 것일까

물에 잠겨 허우적대는 잡초들
몸은 흠뻑 젖었고

질긴 삶, 강인한 발톱으로
물을 움켜 쥐고 있다

아직 아니다

아직은 아니다
하직할 때 아니다
조금만 더 여유를 다오

할머니 벌써 90이에요
얼마나 더, 숨쉬기 어려운 그 상태로
필요하신가요

아니다, 아직은 아니다

꿈속에서 할아버지도, 엄마도
벌써 만나 보셨잖아요

아니다, 다 쫓아 내었다
아직은 아니다

무얼하고 싶은신가요
아니다, 아직은 아니다
마음에 맺힌게 뭔가요
아니다, 다 그대로 있다
그리운 모습들, 정겨운 시절
다 그대로 있다

아니에요, 사라진지 오래 됐어요
그때 그 시절, 지금 보이지도 않잖아요
아니다, 아직은 아니다
그럼 그때가 언제 인가요

너희들에게 들려 줄 이야기가 없을 때
희망의 눈물로 심은 뒤뜰의 봉숭아가 질 때
내가 너희의 어린 시절을 기억하지 못할 때
우리가 다시 만날 기약할 수 없는 땅
혹여, 만나도 서로를 알아보지 못하는 곳으로 가겠다

나에게 시간을 다오
꽃잎이 떨어지는
작은 시간 만큼만 ...

할머니가 떠난 집
텅빈 마당
돌담아래
봉숭아꽃, 나팔꽃
바람에 소곤거리는 이야기

눈물같은 비가 온다

승진

족보처럼, 반역할 수 없는
거룩한 약속

너는 장남, 너는 1등처럼
마음속에 정해진 서열

승진이라는 관 뚜껑을 열면
관속의 상황을 이미 알고 있는자
외에는 모두 허망하다

순식간에 허무해 진다

부패하여 형체도 알아보지 못할
뼈다귀처럼
나의 삶
진실은 저러했구나
눈물이 쏟아진다

감정의 깊은 속살까지 파헤쳐 진다

나는 뛰었는데
나보다 앞선 사람은

날아 왔을까

날아오는 것
보지 못했는데
어느틈에 저기 서 있을까

일상의 모습에서도
상사에게 그다지 충성스럽진 않았는데
도대체, 언제 충성을 다한 것일까

의문은 의문을 낳고
질문을 하나씩 낳을때마다
삶이 딱딱해진다
아빠가 전부인 가족에겐 무어라 할까
10년전 선배의 말씀
앞서거니 뒷서거니 해도
어느때인가 모두 같은 위치에 있어
섭섭할 것도 없다는 격려

그러나 지금
추락은 곧 절벽이다
선배의 충고는 좋은 시절의 태평가

우리는
참, 서운한 원칙의 위로속에서 서럽다

어차피 머슴살이 인생
성취를 위한 도전의 욕구는 많은데
누가 부셨는가, 나의 이정표,
그리고는
저곳으로 꼭 가야만 된다는 가르침의 방향
누구를 위한 목적지였던가
가진자를 위한 노력과 헌신, 원칙을 지키기 위해
수없는 세월, 교육받았다
교육의 목표는 하나
머슴이 되어라
그리하면 일용할 양식이 생기리라

단순히 먹는 것 뿐이리면
산속의 신선이나 하지 왜 이 고생인가
욕망의 전차라면
나는 전차를 밀어야한다
진정한 자신의 목적지도 모른채

어디론가 가고 있는 전차를 타고 있다
내려야만 될 전차를

경배

신을 찬양하고 경배하라

칭찬의 다른말인 찬양은
신도 즐거워 하신다

나의 선택이 맞았다는 기쁨
나의 경험으로 모두가 만족했다는 기쁨
나에게 보내는 격려, 칭찬이다

성공해도 칭찬, 실패해도 칭찬
자신을 찬양하라

생의 주인이 누구인지 알려면
자신을 칭찬하라

신을 찬양하고 경배하라

먼 산

녹색의 언덕
그리 가파르지 않은 풍경
가끔 구름이 걸치고
바람이 지나가는 흔적들

저 산, 저 숲속에서 일어나는 일상은
조금 복잡하다
이 동네 골목마다 잡음같은
사람의 소리 가득하듯이
저 숲속에도 나무와 풀과
벌과 나비의 소리 가득하리라

먼 산은
그 거리만큼 떨어진
이곳과 저곳의 세계를
정확하게 나누고 있다
숲에서는 숲의 삶이
일상이란 이름으로 전개되고
이곳 사람의 동네에서는
또 다른 차원이 움직임이 있다

서로 간섭하지 못하는 영역

간섭할 의지조차 없이
나누어진, 분명한 공간

하지만
저기는 무엇인가 존재하고
낯선 냄새와 서늘한 바람이 있고
여기는 익숙하고 알 수 있는 냄새와
덜큰한 바람이 분다

두 개
확실히 다른 공간
숲과 마을로 구분된다

눈을 들어 우리 사는 공간을 둘러보면
또 구분되어지는
익숙하면서도 낯선 공간은 없을까

지상의 영혼

사람의 영혼은 강인하다
돌의 영혼도 강인하다

그들은 자신이 누구인지 알기 위해
끝없이 질문하여 괴롭히며
수없는 사건에 시달리기도 한다

나를 찾아가는 길

기력이 쇠진해서야
행동을 멈추고 잠든 밤,
생각하기 시작한다

이것이 올바른 방향이었을까
구체적으로 찾은 답도 없는데
치열하게 도전하고, 에너지는 고갈됐다
잘못 달려간 것은 아니었을까
내일은 어느 방향으로 달릴 것인가

어느날은 행위의 전부를 부정하여
자신에게 사과하고
모든걸 잊어 주길 바라기도 했다

사람이 이 땅에 온 뜻은 명백했다

강인한 정신을 가지고 싶었고
자신의 한계를 넘고 싶었다

허무한 도전은 아니었다

이 땅,
지상의 모든 영혼은 강인하다

죽는 날까지 똑같은 리듬의
하루하루, 단순한 삶을 살았다 해도
이미 졸업장 같은, 위대한 훈장들이
가슴에 달려 있다

그건 진실을 아는 마음만이 알고 있다

한해살이 풀

강변 바람에 흔들리는 잡초, 무성한 풀들
계단을 올라오는 무거운 발자국 소리처럼
지친 삶이 묻어난다

잡초의 작은 꽃들
함성같은 비명을 지르며
비에 젖어 누워 있다

잡초의 꿈은 소박하다
욕심많은 사람의 시선으로 바라보면
초라한 야망, 그래도
잡초는 혼신의 정력을 분출하는 중이다

하루를 사는 삶의 욕심은 여기도 있다
강변아래 한발짝 움직이면, 물에 빠진다
잡초의 욕심이 넘치면 죽는 일만 생긴다

욕심의 강에 빠지면 죽어가는 줄 모른다
죽는 일만 생긴다
기쁨의 강에 빠지면 죽어가는 줄 모른다
기쁜 일만 생긴다
일년만 산다 할지라도

그리움

그리워 한다는 건
나에게 거는
맹목적인 최면
돌아오지 못할 것을 알면서도
현재의 모든 것을 버리는 행위,
이름모를 허망한 제단위에 나를 바치는 행위

얼마나 허무한지
애틋한 마음을 받는 사람은 전혀 모른다
수신자 없는 편지를 들고 망설이는 것

장미는 사람들이 자신을 보면서
왜 그토록 열광하는지 모른다
알고 싶어하지도 않는다
어차피 관심이 없으니까

그리움은 보낼곳 없는 애정과
관심없는 사랑, 둘 중 하나다

그리워 한다는 건 어이없는 한가로움
진정 자신을 그리워하는 눈동자는 모르고 지나치며
한 눈 파는 행위

착각을 일으키게 만드는 단어들

어느 한때 여성적 아름다움,
서정적인 문장에는 '은사시나무'
단어가 항상 들어 있었다

그 단어를 처음 보았을 때
한여름 푸른 나뭇잎 사이로
반짝이며 떨어지는 햇살을 연상했다
보석처럼 빛나는 아름다움을 생각했다

그러나 사실은 아니다

사랑하지도 않으면서 부르는
사랑 노래가 허무하듯이
사실을 알면 섭섭한 말들

맛난 포장을 위한 단어
'아름다운 사랑' 이란 소리만으로도
마음 깊은 곳에서 펼쳐지는 환상의 그림들
충만된 마음이 하늘로 둥실둥실 떠 다닌다

설탕 덩어리같은 달콤한 단어들

정직하게 말하면
한 개,
단어로 충분할 것인데

몇 개의 단어를 조합하여
어떤 착각을 유도하고 있을까

뱀이 기어가듯이
뒤섞인 감정을 엮어 놓거나
단어 자체로만 아름다운 글을 썼다
부실한 어느 부분을 지우려는 화장처럼
강조해야할 곳을 화려하게 장식하듯이

찬란한 색으로 엮어 놓았다

여름,
산이 아름다운건
활엽수 이파리들이 산을 감추고
작은 꽃들은 향기를 내 뿜기 때문이다

사실
산은 텅 비어 있다

안개

안개가 도시를 점령했다

장마전선은 이미 물러 났어도
바닷가 포구에는 짙은 안개가 퍼져
마을이 사라지고, 먼 도시가 사라졌다

보이는 건 도시를 가로 질러온 샛강,
좌우의 단출한 동네뿐
산도 하늘도 바다조차 사라졌다

눈 앞 작은 공간에 보이는 사람의 터전
또렷한 나의 공간, 이제 선명하다
분산된 시선을 거두고 삶의 자리를
이토록 분명하게 인식할 수 있다니,
나의 왕국, 나의 무대는 여기다

안개에 지워져 버린 주변의 잡동사니들
지금 서 있는 이 자리,
지금 보는 풍경,
지금 느끼는 감정이 나의 역할이었다

안개는 세상을 지웠지만
마음을 열어 주었다

안개 속에 있을 것으로 추정되는 세계는
아직 내가 그려 내지 않은 정물

짙은 안개속, 구름을 헤치고
꿈속을 헤매듯이,
잘 안다고 생각하는 것들
아직 닿지 못한 발길이다

안개속에도 길은 있다
누군가 다녀간 흔적이 없을 뿐

길을 원한다면, 만들어야 했다
우리가 소원하는 세상은
강인한 욕망으로 다시 만들어야 했다
누가 열어 놓지도 않았건만
사람의 욕구는 문을 열었다

길이 있었다

안개
신의 기분, 나른하다는 신호
잠시 정신놓고 쉬어가라는 선물

섬에는 하늘이 있다

크고, 넓은 하늘
경험하지 못한 거대한 자유가 있었다

그리고 큰 바다,
넓은 바다와 큰 하늘은
경계의 구분이 없었다

완벽한 하나의 공간

여기서 하늘과 바다는 낯선 단어다

발끝에서 정수리를 넘어
완벽하게 존재하는 거대한 힘,
눈을 들어 하늘을 보면
낮은 하늘의 천장을 만질 듯한 기분,
신비한 공간이 된다

그러나 멀리 보면, 거대한 형상
손에 닿을 듯 하지만
절대 잡을 수 없는, 순수 공간일뿐

하늘과 바다를 구별하는 건

수평의 거울 위를 천천히,
미끄러지듯 움직이는 대형 화물선뿐
배는 항구에서 꿈을 실으며
얼마나 거대하였던가
그러나 저 먼, 바다에서는 작고 초라했다

순결한 바다에서는 하얀 구름이 피어났다
하늘높이 오르는 하얀 꽃

둥근 천장
거대한 공간
바라보는 자는 공간만큼 커진
자신의 실체를 느낀다

하지만 그 존재는 자신의 위대함을
외치지 못한다
이토록 넓은 하늘이 있구나라고 말한다

하늘은 슬퍼졌다
보는 자를 위한 왕의 궁전 임에도
정작 저들은 자신이 누구인지 모른다
거대한 궁전의 주인이 누구인지 모른다

바람의 둥지

맑고 시원한 바람은
깊은 바다의 심장에서 피어났다

고요의 심해에서 태어난
순수한 만남,
선악을 구별하지 않았다

청정한 바람은
밝은 세상,
새와 나무, 숲의 공간을 즐기며
바다, 넓은 공간을 뛰어 다녔다

이곳의 꽃과 저곳의 나비를 쫓아
어루만지는 그 순간만큼은
바람은 자유이며 창조였다

사람의 부지런한 욕심,
분노와 다툼의
탁한 세상으로 나아 가기전

바람은 이곳에서 자유였다

바람속의 섬,
단순한 욕심들이 사라진 평화

신비한 공간에서는
인간의 욕심이 무엇을 소유하였다 한들

한 점, 미풍에 불과하다

진실을 깨닫게 하는 자리
사람은 자신의 초라한 꿈을 버렸다

마음을 버리자, 열리는
거대한 공간

진정한 사람의 쉼터

해변의 바위들

넓은 바닷가
하얀 백사장
확실하게 눈에 띄는
큰 바위덩이들

언제 어디서 출발하여
이곳에 왔는지 물어본다
그리고 어디로 가는지

나의 눈으로 바위를
알거나 설명할 수 없다

바위는 지금 걷고 있는 중이다
아침 산책인지 저녁 산보인지는 모른다

바위는 지금 걷고 있다

총명한 눈동자 반짝이며
크고 거대한 발걸음으로
천천히 걷고 있다
어디로 가는가
저기 !, 어디 ?, 저기 !

스치듯이
거대한 바위의 품위를
조금 보았을뿐

바위의 무거운 의지는 모른다
내가 바위가 되기전까지는

나의 방식과
바위의 방식이 너무도 달라
서로 간섭되지 않을 뿐

우리가 같은 길을 걷는건 맞다

나의 배경에 바위가 있고
바위의 배경에 나도 있다

대답

약속은 어렵다

자신에게 또는 너에게
대답하는 순간
종속의 관계가 시작된다

그건 나의 몫

나의 사슬이 되어
그렇게 될 때까지

헌신하여야 한다는 증거

어쩌면 구속,
그 일이 달성될때까지
나는 너에게서
벗어날 수 없다는
약속

대답은 어렵다

단순한 자연의 순리

마음으로,
문을 조금만 열어도
소리를 듣고 언어를 알 수 있었다

어깨에 짊어진 배낭을 내리듯
나를 내려 놓고

그늘에 앉아
혼잡한 마음만 내려 놓아도

바닷물이 들어오고 나갈 때
물에 잠기는
돌들이 우는 소리를 들을 수 있다

대답하기 어려운 요구 조건
갈 수도 멈출 수도 없는 강요에 잠길 때
돌들의 비명을 들을 수 있다

바다의 노래

단순하지만
누군가를 향한
열정어린 사랑
진실한 모습대로 튀어나온 마음

나는 단순히 듣는다
세상의 소리에 묻힌
다른 소리들처럼

마음속에서 울리는 공허함

밀물
바다가 사라질 때 들려오는
갯벌의 한숨 소리
미끄러지듯이 달리는 배들의 발자국 소리

모든게 마음대로 소리내고 있다

누군가를 향한 열정으로 부르는 노래들

먼 바다
어둔 밤

달빛 떨어지고
바다는 빛났다

하늘과 바다가 잠든 밤이면
사람의 꿈은
바다로 나가 불을 밝히고
깊은 심해까지 불을 켜고
잠든 희망을 낚는다

하늘에선 무수한 별빛이 부서지고
깨어진 환상, 우울한 불면
어둔 바다,
바다의 허무를 들어 올린다

가냘픈 함성
숨소리 조차없는 깊은 바다
가득한 사람의 불빛
기도소리마냥 출렁이는 불빛

낮고 깊이 울리는 하늘의 소리

안개 2

약속한 듯 동시에 밀려오는 안개 무리

먼 바다에서 섬으로
한 점 안개가 달려오자
순식간에 함께 달리는 주변의 안개들

점점 강력한 기세로 몰려와
마을 입구
장승과 고목을 덮고
길을 덮고
집을 덮는다

추억의 커튼처럼
잊고 싶은 기억처럼
숨긴다

안개는 신호

너의 삶이 척박할 수 있다는
바다의 의지

도와줄 수 없다는 신호
모든게 일순간에 사라질 수도 있다는 전언

불안한 바다의 초조한 향기가 밀려온다

일몰과 일출이 수없이 반복되던 그 때에도
얼굴조차 찡그리지 않았던 바다였다

속상한 표정, 불편한 심기

숨고 싶다

감정은 짙은 안개속으로 떨어진다

그러나 안개는 길이다
모든걸 다 지우고
다시 가라는 신호
지금까지의 삶은 무효다
선언하는, 강력한 주장

다시 시작하라는 명령
안개에 지워져 사라진다

지금이 영생이다

천지연 폭포

폭포는 강력했다

순백의 물은 길을 만든다
막을 방법은 없다

흙에 뿌리 내린
돌의 살을 발라
기괴하면서도 경이로운
시간을 새겨 놓고
세상을 조롱하듯이
하얀, 천상의 색
수정빛 물줄기는 자유로운 낙하중

순식간에 부서지는
사람의 환상들
시간과 꿈이 동시에 가루가 되어 흩날린다

그 마법은 단순한
축축한 물안개일 뿐이지만

수정 마법의 안개에 젖으면
사람의 감정도 축축해 진다

내가 어디로 뛰어가는지
의심이 일어나기 때문이다

천상의 수정 기둥은
땅을 깨운다
이곳과 저곳,
그리 멀지 않은 거리에 벌어지는
현상들을
마주보게 한다

분명 저 물기둥 속에는 무언가 있다

귀향

익숙한 동네로 돌아왔다

동네 주변의 향기, 말투, 사람의 표정,
집과 집, 벽과 벽 사이로 보이는 뒷산

오십년 묵은 가재도구가
여기 저기 엉겨 붙어있는
낯선 모습의 공간으로 되돌아 왔다

이곳으로 돌아오기 위해 이전에 살던 곳에선
가재도구도, 생필품도 최소화하여
언제든 귀향을 꿈꾸었지만,

삶의 공간은 자유로웠다

의무도 복종의 규칙도 없었고
언제든 모든걸 버리고
고향 마을로 돌아갈 수 있었다
마침내 모든걸 버리고 돌아왔다

양쪽은 분명한 경계가 있었다

자유롭지만 익숙하지 않은 곳
구속되지만 익숙한 곳

두 개의 과거가 된 두 개의 공간,
모두가 낯선 곳이 되었다

타향에선 익숙해지기까지 시간이 걸렸다
몸에 배인 습성의 환상을
쉽사리 포기할 수 없었다

그러나 새로운 장소,
사는 방식은 자유로웠다
찾을 사람도 없었지만,
누구도 나를 부르지 않았고
대답할 필요도 없었다
가족과 친구란 명분으로 빚진 것 없는 곳,
보고 싶으면 보고
먹고 싶으면 먹고
걷고 싶으면 걸었다

그런 자유를 버리고, 다시
오래 익숙한 것으로 돌아왔지만

과거를 잊은 자에게

앞산의 푸르름과 향기는 전과 같지 않다

또 다시 여행을 그리워하며 꿈꾼다

그렇게 고향은 잊혀져 가나 보다

대화

말들은 여전히 어려웠다
문장의 구조도 이해할 수 없었다
간첩의 암호문처럼
두 개의 그룹만이 알아보는
기괴한 문장이 전부였다

어린아이를 유혹하는 달콤한
알사탕같은 상은
아직도
젠틀맨 정신에 입각한, 수준높은
혼란스런 구성과 단어를 선호했다
진리를 담은 단순한 문장을 저급하게 취급하고
죽어버린 시인의 망토를 걸치고
활개치고 다녔다

상위 1퍼센트의 권세처럼
무지한 평민이 이해하는 글은 저급하다
평민이 이해하지 못할 난해한 구성이 필요하다

내가 사랑하는 문장이 최고이며
통치의 근본은 무지를 기반으로 했다

민주주의가 소수의 독재를 이해하지
못하는 것이 당연하다

정직한 대화를 위한 마음의 기준은 어디일까

도대체 누가 그어 놓은 선일까
세상을 지배하는 우월주의가 그은 경계에서
배고픈 자들은 버둥댄다

가진 자의 풍만한 쾌락은
마을, 도시, 국가, 나라, 무어라도
조직만 있으면 반드시 존재했다
쾌락의 정점에서
갖은 방법으로 통치하는 자랑스런 리더들

아, 유감스럽게도 우리는 하늘 높은 저 사람들을
닮으려 발버둥치고 있다
그들의 수준 높은 문화와
고급스런 언어를
이해하려 노력하고,
절망스레 따라간다
그러나 절대 내색하지는 않는다

공감어린 표정이 전부는 아니다

대화는 점점 어려워졌고

침묵이 최상의 선택이 되어갔다

그렇지 않으면,
끝까지 발버둥 쳐 보는 거다

'안되면 말고'의 심정으로

샛강 풍경

도시를 가로지르는 샛강
넓은 강을 따라 좌우로 먼 풍경,
아득하여 작아진 사물들이 흘러간다

양편의 도로를 질주하는 차량, 자전거,
대화에 몰두하며 걷는 사람들
모두가 저 마다의 약속과
알 수 없는 목표지점을 향해 가고 있다

바라보는 사람은 이해할 수 없는 행위들,

마치 저 아래 까마득한 땅위의 개미들이
줄지어 가기도 하고,
좌우로 헤매며 소란스럽듯

강이 넓은건 하늘 때문이었다
어떤 높은 건물,
인간의 손길도 닿을 수 없는

광활한 하늘,
거칠 것 없는 장엄함이
강위를 흘러가고 있었기 때문이다

재빠르게 지나가는 차들의 행렬
여기를 지나 어딘가에 멈출 것이다

차에서 내려 잠깐의 여유로
마음을 풀고
다시 강변을 달릴 것이다

부지런한 개미처럼
어디로 가는지
이해할 수 없다

나는 너를 절대 알 수 없다

한여름

강한 햇볕,
쨍쨍한 푸른 하늘아래
존재하는건 무엇이든 달구어졌다
강이 헐떡댄다
짙은 물 향기를 뿜으며
숨이 턱턱 막혔다

여기선 살아 있는 것,
그리고 마음마저도
부드럽게 잡아야한다
아니면 상냥하게 굴어야한다
욕심부려 강하게 잡으면
상처입은 짐승처럼 울부짖는다

수면위로 뛰어오르는 숭어떼
물은 뜨거워져갔다
높은 건물로 둘러쌓인 도시가 뜨거워져
사람들은 숭어처럼 뻐끔뻐끔 숨쉰다

사물의 체온이 이렇게 높았던가
어디까지 견딜 수 있을까
의문이 드는 순간,

뜨거운 열기가
또, 밀려 온다

지금 가장 절실한 것은 무엇일까
그렇다고 하더라도

단순한 문제들은 일단 제쳐 두고
여름은 심하게 익어갔다

시간의 채찍에 매미들은
가슴 미어지도록 울어 제끼는
한 여름, 가마솥 속

온갖 사물들은 입을 닫고
부릅뜬 눈으로 외치고 있다
저 깊은 마음속 열정들을
보지도 듣지도 못했던 욕망들을

강으로 던지고 있다

거울

거울에 때가 너무 많이 끼어 흐려졌다

당초, 거울은 깨끗하게 밝았다
세상의 어떤 물체라도 진실을 비추어
왜곡되는 일은 없었다

사각, 삼각 또는 동그라미를
맑고 정확하게 비춰 주었다

문제는 사소한 불만에서 시작되었다

심심했던 어느날인가
한가하게 과거를 회상하자
불만족들이 거울에 나타났다

저것은 사각이 아닐 수도 있지 않을까
완벽한 직사각형이라지만 어딘지
각이 틀어진 것은 아닌가

의심이 일어나기 무섭게
세상의 각과 동그라미들이 변형되기 시작했다

그날 이후 한결같은 불만족,

너는 화려하고 나는 초라하다
나의 것은 어딘지 비틀어져 있다

'나는 완벽하다'
불만족한 감정속에서만 완벽하다

숨은 그림을 찾듯이
전지전능한 능력을 부족함을 찾는데 바쳤다
아주 오랫동안 ...

언제, 한번이라도 완벽한 포만감에
치를 떨었을까

다시, 한가한 어느날
문득 올려다본 거울은
때가 끼어 까맣게 변해 있었다

누구냐
누가 친절한 나의 마음에
이토록 심한 장난을 했느냐
분노의 목소리가 천장을 울렸다

그러나 대답하는 것은 없었다

어리석게도 이 방의 주인은
나 하나였다

그랬었다. 나는 칭찬도 모르고
불평불만과 비난을 즐겼고
만족을 모르고 부족함을 즐겼다
풍요로움을 모르고 빈곤에 시달렸다

태초의 신이 말씀하신다면 이럴 것이다
너에게 충분함과 만족만 주었다
너의 무지와 오만이
부족과 불만을 바라본 것이다

네가 정신없이 일이나 놀이에 몰두할 때 외에는
언제나 네 심장은 참담함에 빠져 놀았었다

너는!
탕자의 술독같은 초라한 마음속에서
살고 있지 않았는가

닭장

나는 넓고 푸른 하늘을
유랑하는 자유로운 영혼

닭장 안에서
비명을 지르며 싸우는
장닭이 아니다

하늘, 하나만 봐도
무한하지 않는가

저 많은 감동의 세상은
다 어떡하라고

작은 생각들이 모여 있는
닭장 속 투쟁에 목을 메는가

닭들은 싸우다가도
돌아서면 잊어버린다

미소

미소는 너에게 보내는
칭찬과 같은 찬사

마음을 흔들어 깨우는 종소리처럼
기분 좋은 세계로의 초대

밝고 아름다운 미소
경쾌한 웃음소리

기쁨 속에는 싫음이 없듯이
미소와 웃음 속에는 추함이 없다
마음으로만 통하는 대화

미소의 순간마다 마음에서 그려 내는
그림, 화려한 풍경들
순수한 마음으로 공유하고 있다

향기 없는 꽃이 섭섭하듯이
웃지 않는 미모는 죽은 꽃이다

아름답기 때문에

향기롭고 웃는 것이 아니라
향기롭고 웃기 때문에
아름다운 것이다

어리둥절하지만 않다면
진실은 단순하다

아름다운 진리
되어 있기 때문에 아름다운 것이다

폭염

정오, 낮은 하늘로 내려온 강열한 태양

친절하게도 자신의 에너지를 만물에게
골고루 나누어 준다

뜨겁고 이글거리는 열기는,
몸을 덮히고
정신을 데우기 시작한다
몽롱한 현기증
이내 순박한 초목은 기절하고
잡초마저 숨을 헐떡인다

온 천지,
삼지사방이 균일하게 달구어 졌다

온 몸으르 느낄 수 있는
뜨뜻한 바람,
열기에 갇힌 생각들이 익어간다
맛있게 익은 생각은 오직 하나, 덥다

큰 나무는
사방의 열기를 온 몸으로 받아 먹고

깊고 깜깜한 지하,
차디찬 공간의 바람을 끌어 올려
무성한 잎으로 서늘한 그늘을 만든다

그늘 아래서 행복한건
사람뿐만은 아니다
새와 개, 무엇이든 그늘 아래서는 시원하다
그늘에서 뜨거움은 잊고
만사가 행복하다

가장 비참하다고 생각하는 것들 조차
누군가의 보살핌, 울타리속에서
자유분방하게 뛰어 놀고 있다

누군가의 그늘이 없었다면
외로운 가마솥속에서
모든건 사라졌을 것이다

친절한 교훈
오늘도 사랑을 학습한다

수확

8월의 태양은 얼마나 뜨거운가

서로의 기쁨이 가득한,
지금은 정확한 그 때,
수확의 시기
과일이 충실하게 익은 계절
마음마저 계절의 결실에 순종하는 때

들판에는 갖가지 나무가 있다

어느것은 온갖 정성을 기울였고
어느것은 흔적없이 조용히 혼자 성장했다

하지만 모든건 사람의 소유
하나하나 거두어 들이기 시작한다

뜨거운 열기에 지치기도 하지만
풍요로운 기쁨만 가득하다

농부는 알고 있다

마지막 한 알까지 가득 채운

과일의 보람을 느끼고 있다

그것은
또 다른 꿈과 사명을 가지고 출발하는
과실의 희열, 농부는 알고 있다

농염한 결실의 계절
지금은 이혼하는 때

지금은 썩은 이를 뽑을 때
지금은 분노하거나 사랑할 때

우리가 소망하는 바에 따라
우리의 결실을
일년 내내 수확한다

지금이 바로 그때

여행

1.

한번만 지나가도록
허락된 길이라면

이 길 위에선
행복해도 좋지 않을까

배불리 먹고, 마시며
소란스럽게 대화하고
서로
기쁜 마음 공감하며
나누면 좋지 않을까

2.

신비로운 풍경에 취하고
처음보는 삶에 빠져
아, 이렇게 살수도 있구나
조금 이해하고

손을 내밀어
서로의 안부를 물으면서

그리고, 행복하게 잘 사시라고
격려하며 떠나도
괜찮지 않을까

3.

살아가는 방식이야
같은 구조, 같은 하늘과 땅이지만

무언가 허전해서 이 마을에 왔다
심장에 갇혀 있던 그림들이 사라져
더 이상 꿈꿀 수 없어 무작정 떠났다

어차피 목적지를 안다는 건
처음부터 불가능하다

두꺼운 하루의 삶이 널려있는
동네를 떠나

달이 뜨고
별이 빛나는 마을로 왔다

4.

흔적을 찾아 다녔다
완벽한 기쁨이 무언지
고독한 빛,
외로운 얼굴로 방랑했다

길은 끝이 없었다

길의 끝에는 섬이 있고
섬은 또 하늘로 이어지다가 사라졌다

길 위에서 사람들은
작은 기쁨과 짧은 슬픔과 큰 희망을 품고 살았다

삶속에 숨어 있는 선물
사람의 진실을 찾아 다녔다

5.

행복해서
행복한 세상이 나타난 것이다
사랑해서
사랑의 대상이 나타난 것이다

바람이 불지 않으면
아무것도 존재하지 않았다

무언가, 흔들어줄 바람이 나타나야 했다

하나의 생각,
하나의 기원은
온 세상을 가득히 덮고 있었다

귀속

그들은 나에게 포함된다

아름다운 것들
새들이 찾은 쾌적한 나무,
나무 가지 사이를 누비면서 부르는 지저귐
기쁨을 창조하는 노래와 춤
부드러운 가랑비
짙은 안개속의 고독
석양이 그린 찬란한 노을
풍요로운 향기의 저녁 만찬

그들은 나에게 귀속된다

불만 가득 경직된 얼굴로 노려보는 것들
건드리기만 해봐, 다툼과 투쟁
가난한 죽음
떠다니는 공포
한시도 마음 편할 날이 없다

내가 인식하거나 지켜보는 한

모든건 나에게 귀속된다

생각 하나는 전부를 뒤덮었다

동굴의 박쥐가 일제히 나오듯
순식간에 세상에 나타난
즐겁고, 우울하고, 기이한 모습들

그건 나의 것이다

'왜 나에게'라는 의문과
참회의 기도를 백날해도,

아니라고 용서를 구해도,

유감스럽게도 너의 것이다

이유

한 밤중, 아아들에게 들려주는
사람의 질서, 옛날 이야기에는
시작과 끝이 있다

그러나 아침 햇살과 함께 시작하는 하루,
우리가 몸으로 체험하는 이야기는
끝이 없는 이야기다

만나고 헤어지고
만나고 헤어지고, 만난다
다음 장면은 당연히 헤어질 것이다

뻔히 아는 이야기지만
듣고 보는 사람에 따라
이야기 전부에 감동하거나 부정한다

믿었다 하더라도
그 믿음은 막연하다

이야기에 집중하기 위해서
과거의 이별과 사유는 잊어버리고
지금, 현재의 사랑과 미움에 집착한다

다 겪어온 똑 같은 이야기의 반복이지만
부정하거나 아예 생각에서 지운다

좀더 인간적인, 살맛나는 실감을 위해
좀더 진지한, 사랑의 눈물을 경험하기 위해
우리는 오늘의 영화, 한 장면에 집중한다

서툰 배역은 없다
부적당한 배경도 없으며
깔끔한 구도와 배우들

이만하면 완벽하지 않은가
이제 보여줄 것만 남았다

오늘의 주제 :
사랑하라, 네 이웃과 주변을 진심으로 사랑하라
그리하면 너를 알고 감동하리라

내일의 주제 : 동일함

내가 그린 그림

제주도는

푸르고 흰 색체들로 그려진
화려한 공간

바다와 하늘이 벽이 되고 천장이 되어
홀로 외로운 방

둘러보면, 망망대해
앞뒤좌우, 푸른 바다
인적도 없고 속도 모를 바다뿐이다

하늘이 주신 선물
사람의 눈으로 공감할 수 있는
화려함의 극치

찬란한 풍경에
신의 아들로 호화롭게 살고 있지만,
외롭게 보인다

나의 일상은

시꺼먼 매연과
터질듯한 인파로 시달리는
도로 또는 지하철의
소란스러움,

정신을 잃을 듯한 높은 소리들로
사방이 가득차고, 오고가며
부딪히는 사람들
좋아하는 예쁜 여자
싫어하는 노숙자
모두 함께 뒹굴며
소음의 바다를 헤엄치는
사람의 세상

내가 그린 그림

제주도를 떠나 돌아오는 순간에 느낀
나의 한계

누군가에게 공짜로 받은 영광보다
스스로 창조한 저급함 속에서
사는게, 인간답다

공간에 대한 그리움

제주도
이 땅,
용이 승천하고
바위가 비틀거리며 걷던
순수하다라고 할까
사람이 없는 원시라고 할까

저 바다는 기억하고 있다

순수함 보다 더 하얗게
순결했던 시절을

지금이 그때 보다 못하다는 것은 아니다

과거란 지나간 바람,
멀리 나아 갈수록
어제, 그제 …, 긴 시간을 기억하기 어렵다

기억이란게
기억하는 사람,
그 사람이 느낀 어느 순간의
감정하나만 던지는

현재의 선물

주로 악몽으로 표현되었다

제주, 홀로
이 바다에서 살았다
어디 기댈
친구, 가족하나 없이

유일한 둥지, 바람과 대화하며
낮은 마음으로 살았다

처음 본 제주는
순수하다라고 할까
순박하다라고 할까

아, 이 땅에서 난투극을 벌리고 있는
사람들은 빼고
섬만 보면 그렇다

순수한 청년, 제주
눈부신,

하얀,
모래밭

발자국이 찍히는게
부끄러운 일이다

눈을 들어 바라보는 순간
장엄하게 열리는 푸른 공간,
천상의 영역

사람의 땅에선 볼 수 없는 풍경

바라보는 자를 신비롭게 만든다

제주

밤이면
물이 들어왔다

먼 바다에서 숨소리 낮게
물이 들어왔다

밤새, 창밖에선 물소리 출렁이고
넓은 바다위에서 춤을 추는
달빛과 구름

환상의 천국을 숨어서 보았다

구름과 달빛의 화려한 유희
아침이면 꿈처럼 사라지고

창밖에는 해안가 돌들의 속삭임,
지난 밤
서쪽 바다위에
천국의 문이 나타났음을
보았느냐고

검은 돌들이 웅성거린다

격려

집을 나서서
세상으로 난 길를 바라보며
선뜻 걷기를 두려워 할 때
초조한 성과에 쪼들리고
부족한 자신감으로 망설일 때
가난한 마음으로 궁색할 때

두려워 말라고 자신을 격려한다

세상의 이목이 나를 어떻게 부르던
나는 자신을
용기있고 성실하며
사랑을 아는 진실한 사람이라 부른다

다시 한번 더 격려하며

세상은 달리는 만큼의 기쁨도 있다고
신은 나에게 축복과 선물만 주었다고

그러니 절대 우울하거나 불안해 하지 말라고
마냥 유쾌한 어린아이처럼
뛰어가라고

흔들리지 말자고

어둔 그림자가 오면 쫓아내고
공포가 오면 공포보다 더 큰 사랑이
나를 지키고 있음을 알고

원칙은 자연스럽게 흘러가고 있고
원칙을 거스르는 건
불행한 나의 생각임을 떠올리면서

나는 나를 격려한다

그림

선명한 그림 한 장,
추상화는 아니다
그러니 더욱 밝다

어느 시점, 어느 장소를 그렸다

구도는 탄탄했다
신의 뜻에 따른, 하늘과 구름
산과 들, 아련한 여행을 떠나는 강까지

그림속에 사는 사람이 부러웠다
풍요롭고 따뜻한 전경
볼수록 그 속에 빠져 살아 본다

강을 따라 내려가며
들판을 걷고, 산에 오르고
저항없는 생각에 들어간다
현실의 세계에서는
소음과 신경 쓰이는 이목으로
쉽게 생각할 수 없고 꿈꿀 수 없었지만
몰입의 세계에서는
나의 의지대로 행동할 수 있었다

하얀 영혼이
감동에 빠지는 풍경 한 장

누구의 작품인지 알 필요는 없다
한 장의 그림속에서도
충분히 살아볼 수 있었다
어쩌면 더 현실 같았다
행복한 감정에 몸을 떤다

그림 한 장의 선물,
흥미롭지 않은가

실물과 그림의 경계는 어디일까

천사

천사는 무한한 능력을 가지고
사람에겐 없는 날개를 달고
하늘을 날아다니며

하얗게 빛나는
흰 아름다움이 아니다

모두에게 다소
멍청하고 바보스럽다 불리고
언제나 헤헤 웃고
게걸스럽게 칭찬한다

나는 네가 자랑스러워
나는 늘 너를 사랑해

천사에게는
격려와 칭찬이 전부였다

자세

서러운 세상, 열등한 마음,
살기 어렵다

밝은 거리로 나가
매혹적인 삶을 꿈꾸지만
여전한 빈곤

빈한한 마음이지만
당당하게 살자
없으면 굶고, 있으면 즐기고

유일한 재산
없어도 당당하게 살자

까짓
얼마나 산다고
얼마나 먹는다고

행복한 마음이 유일한 재산
펄펄 날며 살자

신의 밥상

감미로운 음식, 가득한
풍요로운 만찬의 식탁위에
꼬이는 벌레처럼
만찬의 역사는 항상
풍요로운 땅에 사람이 모이는 것으로 시작되었다

삶이 풍요로울 수 있는 조건은
약탈 또는 수확의 결과

그나마 풍요로운 대지로부터 선물 받는건
인간적이었으나
피를 먹고 성장한,
약탈로 일시 부강했던 동네는
약탈의 힘이 떨어지면 즉시 내분이 일어났다

풍요에서 빈곤으로의 전락은
참을 수 없는 굴욕과 모멸감으로
사람의 감정을 휘저었고

새로운 영광을 찾아 몸부림쳤으나
이미, 약탈할 수 있는 황금 밥상은 사라진뒤였다

더 이상 황금이 생길 일이 없어지자
부유한 자와 이방인은 떠났고

본래 가난한 종족만 남아 발버둥 치며,
솟아 오르는 분노를 동족에게 돌렸다
잔인한 내분속에서 어떤것이든
집권층의 행위는 정당화되었다

불행의 땅에는 다시 불행한 사람들이
모이기 시작하여, 힘들고 긴,
곧 알게 되는 희망없는 역사를 써 내려갔다

내분의 원칙은 공식처럼
풍요에서 빈곤으로 전이하는 과정에서 발생되는,
사람의 땅 어디서나 혹은 신의 식탁위에서
일어나는 일이었다

누가 희생자인지, 승리자인지 알 수 없다

외로운 관찰자, 기록만이 남았다

탄생의 비밀

태초에 깜깜한 어둠이 있었다

지금도 깜깜한 어둠속
무시무시한 마법사, 주문을 외우자
다양한 모습들이 순식간에 나타났다

행복한 광경
불행한 광경
무서운 광경

주문은 짧았다
간단하게 눈만 움직여도 사실이 나타났다

먼 과거 어느날 잊고 싶었던 사건,
기억속에 깊숙이 숨겨 영원히 잊었는데
너무도 자연스럽게 나타났다
어떤 것은 잠시 스치듯 본
광경이었을 뿐인데 선명하게 나타났다
어떤 것은 전혀 알 수 없는 모습들도 있었다

짧은 순간 번개처럼 명멸하는 모습들

놀라웠다
머릿속에서는 이렇게 많은 생각들이
순식간에 명멸하고 있었고
어느것이라도 조그만 관심을 보이면
그 사건은 번개처럼,
그리고 자세하게 광경들을 전개시켜 나아갔다

물론, 우울한 주인공은 나
그리고 이 상황을 만든 마법사도 나

외로운 주문을 걸면
깊이없는 외로움으로 떨어졌고
슬픈 주문을 걸면
슬픔으로 목을 매었다

기쁨으로 주문을 걸면 ?
기뻐서 정신이 없겠지

거리를 보면 다양한 활기가 걸어간다
외롭거나 슬프거나 기쁨으로

돌아가는 사람

강건한 그 사람은
그 동네에서 생을 마감하였다
긴 세월, 즐겁고 행복하게
때로 다툼에 휘말리기도 하면서
앞집 동생, 뒷집 형님과
아름다운 한 세월을 보냈다

그 많은 시간과
이야기 속 감동과
서로 간의 사랑을
영정 사진, 한 장 속에 남기고 떠났다

칡흙같이 어둔 밤
나무들도 공포에 질려
숨을 멈추고 잠든 밤이었다
쌀쌀한 가을밤의 이별

웃음소리 버려진 공터엔
잠들지 않고 뛰어 노는
아이들 소리

어느 세상에선가
먼저 떠난 그리운 사람을
즐겁게 만나고 있을 것이라고
살아남은 사람들은 위로했다

그래도 여전히 남은 공포,
이젠 헤어져도 허전하지 않을까
마음 든든히 지킬 수 있을 것 같은데
나는 홀로 행복할 수 있을까
헤어지는 연습은 충분히 했는데
견딜 수 있을까
외롭진 않을까
다시 보고 싶지는 않을까

바람은 차가워지고 어두워 졌다

수많은 감정이
여전히
마을에 남아 있다

그림자

어둠속에서 웅성거리는 것들
싸늘한 미소의 비난과
따뜻한 미소의 칭찬들

팔짱을 낀채, 일부는 노려보고
일부는 안쓰러운 듯 격려의 눈빛
깊은 어둠속에서 웅성거린다

생각속에선 그림자들이 휭휭 날아다녔다
정신없이 날아다니는 환상들
단순히 생각이라 불렀다

그와 동시에,
눈을 뜨자 휭휭 날아다니는 문제들
정신없이 벌어지는 일들
단순히 삶이라 불렀다

밤은 짙고 깊이 어두웠다
잠깐 사이 아이들은 성장했고

추억을 쌓은, 여행에서 모은 그림은
세월이 지나 익어야 맛이 났다

최고의 순간에도 우울했다
심장이 울렁거리는 강한 음악을 들으며
유쾌한 파티를 즐기면서도
슬픔은 밀려 온다

왜 이런지 모를 우울한 폭풍의 징조들
막을 수 없는 모래폭풍처럼
강력하게 밀려오는 슬픔의 그늘

휩쓸리면 고독하게 살아야 한다

책상위 물건들

책상위의 컵은 누군가의 선물
반지는 사랑하는 사람의 흔적
식탁은 가족을 위한 어느날의 선택

도둑의 물건은
언제 어디서 훔친것인지 아는 것

주변의 모든 사물은
추억의 기억이 있다

인디언이 자연의 이름을 부르듯
바라보는 눈, 깊은 곳에는
사물을 감싸고 도는
저마다의 이야기가 숨어 있다

그러나 대부분 무심하다
내가 아끼거나 두려워하는 물건에
어떤 이야기가 숨어 있는지 알지 못한다

아끼고 사랑하는 어떤 것은 감동에 떨게하고
어떤 것은 나를 두려운 공포에 떨게 하는지

가장의 권위

태초에 공자의 말씀이 있었다
나라에 충성하고 부모에게 효도하라
간단명료한 환경에서
긴 세월 살다 보니, 당연히
그 원칙을 지켰다

착한 아들과 성실한 가장,
오래오래 살았다

세월은 강물보다 빨리 흘러
나도 늙고, 세상은 그보다 더 빨리 변했다
충효같은 과거의 단어는 사라지고
나는 나, 오직 나
모든 존재의 이유는 나였다

익숙해지지 않은건 낯선 나일까
높은 성벽, 아파트로 둘러 쌓인 도시일까

원칙을 정하면 편해졌다
양보와 주장을 되풀이할 필요가 없기에
절반의 만족이라도 좋았다
그러나 오래된 원칙은 불편하다

적응

우리는 한 쌍의 날렵한 돌고래
사람의 먹이에 익숙하며
박수갈채에 길 들여졌다

적도의 따뜻한 물맛도 잊었고
빙하의 찬 바다를 기억하지 못한 지 오래되었다

이 땅, 박수치는 사람의 세상에선
간단한 점프 묘기 하나만으로도
감동을 주기에 적당했다

그 동안 목숨건 숨바꼭질
먹고 먹히던 살벌한 묘기는 사라졌다
그때는 박수도 없었고
오직 포만감,
하루를 버텼다는 위로가 전부였으나
오늘은 박수 갈채 속에 존재의 기쁨을 느낀다

삶의 조건, 다 버리고
목숨건 생과 사, 다 잊고
평화로운 안락함과 갈채 속에서
행복하게 살고 있다

마치 사람들이
전능한 능력, 다 잊고

과거에서 현재로, 그리고 미래로
끊임없이 자신에게 농락당하며 사는 것처럼,

당사자들은
진실하게 살고 있다고
표현한다

사람의 세상에서
우리는 씩씩한 돌고래 한쌍이라 불린다

박수치는 관객을 돌아보며 던지는 질문
너는 무엇이라 불리며
살고 있니

인연

인연은 자유롭다. 그리고
언제나 새로운 것을 추구한다
현재의 건강한 인연을 지나
재미있는 변화를 갈망한다

지나가는 바람이라도 좋다
맞지 않은 인연이라면
미안한 듯, 조금 고개 숙여
인사하고 스쳐가고

아름다운 가을날의 운치라고 하자

목숨걸고 따라가야 할 인연은 없다
그렇게 시작하는 건
인연 아닌 집착일거다

인연은 늘 희망을 이야기하려 한다
잊어버린 선물, 꿈과 같았던 소원들을
떠올리며 희망을 선물한다

인연이 어디로 가는지,

무엇인지 나는 모른다
그럴 능력도 없고

나 역시 그렇게 스스럼없이
따라갈 뿐이다

그러니, 사납지 않게
초라하지 않게 굴어야 한다

사랑은 너에게 맡긴다

1.

비오는 날 강변 풍경은
한 장의 수채화, 신선하다

강변에 줄지어선 나무들은
초록 생기가 넘쳐 마냥 기뻐했다
우산 쓴 사람들의 발걸음도 가벼웠다
옅은 빗줄기는
풀과 나무와 사람의 심장을 간지럽게 했다
구름 덮인 하늘천장이 낮아져
손으로 만질듯하다
강변도로에 줄지은 차량은 활기차게 지나갔다

모든게 나타난 사랑이었다

온 몸을
핥고
쓰다듬는 향기

2.

신의 은총은 사랑이듯이
너에게 보내는 나의 모든 행위는 사랑이다

신이 우리에게 준 모든 것이 사랑이듯
너에게 보내는 모든 것은
나의 사랑이다

3.

깊은 어둠속 빛나는 불빛, 등대
먼 바다에서 깜빡거리듯

가끔,
마음속에서 반짝반짝 빛나는
사랑의 대상 일지언정

내 마음 깊은 속에서
나를 비춰주는
사랑하나는 있어야 겠다

잊어버린 사람을 찾으면
사랑은 다시 모습을 드러낸다

4.

나는 늘 부족하다
부족해서 만족하고
부족해서 사랑하고
부족해서 지켜주고

영원히 너를 바라보며
마음 저린
아쉬운 연정을 품는다

5.

기쁜 욕망에서 열의를 가지고
욕구를 따라가는 건 즐거웠지만

기쁨없는 욕망에서 일어나는 욕구는
공연히 할 일이 되어 힘들고 섭섭했다

환상의 풍경 속에서 살아보는 것과
현실에서 살아보는 것은 얼마나 큰 차이인가

양쪽 모두 얼마나 진실하게
철저하게 살아 보는가
진지한 문제이긴 하지만
근원적인 사랑에 비한다면

아주 가치 없음으로 판정한다

6.

사람이 살아가는 일
하루에 파묻혀
벗어날 수 없는 한계에
숨을 헐떡였지만
잠시 혼미한
정신적인 착각

언제나 벗어날 수 있다

그건 사랑을 체험하고자 하는
강인한 의지였을 뿐

7.

여기서, 지금,
자신에게 자유를 허락하면

영혼은 속삭인다
나는 너를 안다
나는 너를 죽도록 사랑한다

당당한 너를 믿어라
그것이 네가 누려야할 영광이다

실패는 절망이 아니다
좌절은 죽음이 아니다
그런 느낌을 사랑하여
이번 삶을 선택한 너의 몫일 뿐이다

사랑의 영혼은 그렇게 나타난다

8.

보이는 대로
있는 그대로
사랑할 때 행복했다

협박

참, 단순했다

너의 약점인 부족함과 풍요로움,
무엇이든 너를 흔들 수 있는
공포만 일으키면 되었다

행복한 자에게는 행복을 빼앗긴다고
부유한 자에게는 재산이 사라진다고
늙고 병든 자에게는 죽는다고
힘없는 자에게는 폭력을 행사하면

만사형통이다

그들을 노예처럼 부릴 수 있다
그들은 갖은 공포에 눈이 멀어

고귀한 언약의 가르침을 준 사람으로
성인처럼 생각하며
그들의 가르침을 성서로 믿는다

협박은, 참 단순했다

근본적인 사람의 마음에 존재하는
양극화된 존재로서
무한한 힘과 공포 중에서
싫어하는 공포를 끌어내면 끝이었다

사람의 삶은 대체로 평온하다
그 평온을 흔들어 주는 공포의 문을 열면
사람들은 흔들렸다
지키고자하는 욕심으로 망각은 심해지고
가진 것 모두를 내어 준다
존재하지도 않는 공포에서 벗어나고자
자신을 버린다

공포의 문을 열고 들어간 사람을
다시 불러내기는 어려웠다

오래된 흔적,
종교적 석상과 신의 형상은
언제나 악마 또는 마귀를 밟고 서 있다
그 마귀의 이름이 공포,
그리고 자신의 권능을 잃어버린 망각이었다

빛

빛이 있으라 하니 빛이 있었다

안개의 날에는
옅은 안개가 우울하게 만들었고
짙은 안개의 날에는
눈에 보였던 모든 것을
품에 안고 숨겼다
보는 자에게는 세상이 지워진 듯 했다

안개의 날에는
존재의 첫날에 맛본, 허무를 느꼈다

햇살의 날에는
하늘과 구름이 선명했다
광명 속에서 축복을 느꼈다

높고 큰 하늘,
천장은 푸르고 흰 구름으로 장식되어
사람과 함께 살기에 좋은 날이었다

빛이 있으라 하니
형형색색의 사람이 나타났다

아름다운 자태
무서운 얼굴
더러운 모습, 그러나 모두가
활기찬 저마다의 삶을 가지고 있었다

단막극처럼
아름다운 청춘이 행복한 만남을 가지는 시간,
그 장소 주변에는
무서운 얼굴의 사람이 지나가기도 했고
거지가 등장하기도 했다

그리고 만남이 끝나면 다음 장면을 위하여
모두 무대를 떠나 집으로 돌아갔다

그렇게 하나하나
짧은 이야기가
시간의 강을 흘러갔다

어느 방식, 어느길로 가든
원리는 같았다

빛이 있으라 하니 빛이 있었다

살아가는 시나리오는
어떤 주인공이든 스스로 작성하였다

소원, 희망, 요구에 따라
해야할 것과 가야할 방향과 장소를 지정하며
글쓰는 자신조차 속을 만큼
완벽한 대본이 완성되었다

그것은 아직 발생되지 않은 일에 대하여
순전히 주인공의 상상과 의지대로 작성되었다

빛이 있으라 하니 빛이 있은 권세로, 가끔
과거의 환상이, 그때의 열정적 무대와
감동이 사라지지 않고
주인공의 마음에 벌떡벌떡 일어났다

그러자 내일이라 부를 무대 배경은
당연한 듯 과거, 그 무대의 연장이 되었다
주인공은 감동하지 않았다
신선한 장면이 아니었기 때문이다

빛이 있으라 하니 빛이 생겨 났다

과거, 현재, 미래의 모습대로...

사랑을 버릴 수 있을 때
버릴 수 있는 변명과 조건은 무엇일까

냉수에 담긴 물고기가
서서히 끓는 물에
흔적없이 죽어갔다는

복에 겨워 죽었다는 말처럼
완벽한 사랑속에 살면서
점점 사랑이 무엇인지도 구별할 수 없는
망각 속에서 무너질 때

새로운 사랑을 염원하고
새로운 사랑이 나타났다

빛이 있으라 하니 빛이 생겨났다

중년

젊음도 사라지고
미모는 지워졌고
과격한 몸매에
험상 궂은 인상

보이는 건
오직 나의 길, 하나뿐

거침없이 나아가는
힘찬 돌격

앞길을 막는 자
걸리면 죽는다

그렇게 보일뿐

너무 오래
외롭게 살았거나
나를 찾고 싶은
고독한 외침

그래도 타협은 없다

경험으로 보아 타협은 곧,
복종이기 때문이다

저만 알고 남은 배려않는 가족,
세상 가득한 먼지 속
어둔 전투에서 돌아오는 가족들
날마다 새롭게
힘차게 격려하느라
나는 잊고 살았다

그래도 남은건 없었다는
가슴속의 응어리, 참고 참음이
진주가 되었다. 검은 진주

비난하진 마라

훈장을 바란적은 없다

망각

작은 강,
맑은 물살을 헤치며
고기떼가 웅성댄다

작은 고기떼, 중간, 그리고 큰 고기떼

평화롭고 부드럽게 천천히
원을 그리며 유영하는 듯해도
아니다
먹히지 않기 위해 피하며
먹기 위해 쫓고 있다

물고기의 식사는 신사적이다
죽기 살기로 평원을 달리는
치타와 영양처럼 품격이 낮진 않다

집단끼리 둥글게 천천히 맴을 돌다가
순식간에 낚아채어, 먹는다
먹히지 않은 건 물위로 뛰어 올랐기 때문,
물속은 이미 저를 먹으려는 입들뿐이다
힘찬 탈출, 물위로 뛰어 오른다

새끼 한 마리가 사라지고 나면
언제 그랬냐는 듯, 능청스럽게
최대한 여유롭게 원을 그리며
평화롭게 유영한다

작은 물고기를 먹은 큰 물고기,
입속의 비명을 들었을까
제가 낳은 알이
다시 제 속으로 들어오면서
지르는 비명, 아니면
아직 좀 더 살아 보고픈
열망의 외침, 들었을까

먹고 사는 일에 있어
망각이 가장 손쉬운 방법이다

악당

악당은 끝까지 살아남는다
착한 사람은 일찍 죽는다

영화의 한 장면처럼
악당의 목표는
끝까지 잘 먹고 잘 사는 것
수단과 방법은 중요치 않다

착한 사람은 선하게 사는 것,
목숨까지 내어주며
만사를 좋은 것으로 생각하고
양보한다, 의지가 약한 것일까
선량한 업을 쌓는 것일까

악당은 끝까지 살아남는다

착한 사람을
갈취하고 협박하고 저주하며
끝까지 빻어 먹는다

부부싸움에서, 악당은 없다
서로 착한 사람을 자처하며

서로 악당이라 비난하지만

현명한 눈으로 판단한다면
서로 주고 받는 악당이 틀림없다

이것저것 다 보기 싫다면
착한 영화의 결말,
권선징악이 되면 좋겠는데
글쎄, 착한 사람이 이기기 위해선
또, 악당이 되어야 한다

언제 어디서나 일어나는
악당과 착한 사람의 싸움

광장의 새

새는 자유롭다
어디든 날아 갈수 있는 자유
새를 사랑하는 것은
자유를 향해 날아가는 능력 때문이다

광장의 새는
비행하는 모습 하나만으로도
경이로웠다. 허공을 자유자재로 날았다

잠시 땅에 내려와
모이를 쪼기도 물을 먹기도 하였다
그리고 다시 멋진 비행을 하고
이내 탑 위에 올라가 날개를 접는다

자유로운 새는
광장의 삐에로처럼
사람의 숨겨진 꿈을 마술처럼 보여주곤
섭섭하게 사라진다

가슴속 깊이 묻힌 꿈
날마다 탈출하고픈 간절한 욕망
안타까운, 사람의 꿈

광장의 새는 자유다

신이 내린 자유를 가졌음에도
누구도 날지 않는다

꿈의 광장
자유로운 새는 떠나지 않았고
사람들은 돌아올 약속을
차표처럼 들고 떠났다

추억

추억이란 이름으로
마음에서 익어가는 풍경

한 장면
첫 사랑, 처음 만남, 처음 본 풍경,
감동적이었던 것들

자신도 모르게 마음이 열려
풍경에 취하고 아름다운 대화에 빠져
행복했던 그때
꽃이 피어나는 시간이 필요하듯
마음속에서, 아름다운 그 장면들은
행복하게 익어가는 시간이 필요했다

그땐, 쉽게 지나쳤지만
시간이 지날수록, 생각하면
아름답거나 황홀했거나 그립다

너를 잊지 않았다는 징표,
언제나 너를 마음에 담고
살고 있다는
충만한 사랑

길

길만 있어도 행복했다

걸어 갈 수 있는 기회만 있어도 좋았다

마주 오는 바람은
잠깐 사이
작은 기쁨, 작은 슬픔, 조그만 분노를
순식간에 마음에 심어놓고
능청스레 지나치고

그래, 술래잡기 놀이처럼
바람이 놓고 간
기쁨, 슬픔, 분노에 빠져도 좋다
그 기분을 알아채고
그 속에서 빠져나오기 전까지
허우적거려도 좋다

길이 있어 행복하다

길을 걷는 건 나의 의지
희노애락도 나의 선물
섭섭한 건 없다

길을 가며 스치는 사람들
눈이 마주친 작은 소녀,
다투는 사람들, 모두

스쳐 지나가는,
서로가
'나의 문제는 아니다'
무심하게 지나간다

도시의 정물을 감상하듯
담담하다

길만 있어도 좋다

어느 때는
서로의 시선이 마주쳐
눈이 번쩍이며 광명이 일어날 때
서로의 마음에서 외치는 소리
'나는 저 사람을 알고 있다'
처음 본 사람일지언정
마음은 알고 있다

눈물로 헤어졌던 인연이었다

그건 짧은 어제의 일이었다

감당할 수 없는 이별을 만난 것이다

영원한 이별은 없다
우리가 사는 웅덩이, 좀 작다
환생해 봐야 여기뿐,
달리 갈 곳도 없다

길이 있어 행복하다

길을 걸어 더 행복하다

그냥 지나가라

너는 나를 알 수 없다
그러니 지나가라

내가 어떤 삶을 사는지
어떤 대접을 받으며,
어떤 기분으로 사는 지
너는 모른다

그러니 지나가라

사랑의 단어를 속삭이며
열정을 보일려고
노력하지 마라
너는 절대 나를 알 수 없다

그러니 그냥 지나가라

아픈 희망과 사랑에 목숨 걸었던 과거,
다 빼앗기거나 사라졌고
죽은 목숨, 연명하다
겨우 자리 잡고 열심히 살고 있다
나는 건강하게 잘 살고 있다

나에게 남은 마지막 아름다움에 홀리지 마라

그냥 지나가라

너는 나와 어울릴 수 없는 품격이다
나에겐 벽이 있다
벽 넘어 아픔을, 너는
이해할 수도, 용서할 수도 없다

완벽하게 나의 모든 걸 잊고서
나와 격을 맞추겠는가
어리석은 환상이다

가라, 지나가라

너와 엮일 수 없는 인연이다

누구나 지나온 과거가 담긴
비밀의 방은 있다
너의 방은 감히 넘볼 수 없는 철옹성이지만
나의 벽은 허술하다
순식간에 하나씩 무너질 것이다
그렇게 나의 속살이 보일 때

너의 맹세가 유효할 것인가
아니, 스스로 무너질 것이다

뻔한 아픔을 왜 엮어가겠는가

그냥 지나가라
이대로 나는 행복하다
사랑을 포기한 듯 잊어버려 행복하다

그냥 놓아두라

나의 삶에서 파생된
나의 정신과 삶에 대한 진지한 자세는
네가 감당할 수 있는게 아니다

나의 세상은
너무 많은 원칙, 사실을 알아버렸다

그리고 축제의 마지막 장면처럼
모두 사라졌다
죽거나 새로운 삶으로 떠났다
언젠가는 그렇게 되어야 할 때
하나가 남아야 할 때,

지금이다

전생의 마지막 장면과 같은
현생의 마지막 장면

의지는 있다 해도
욕심내지 않고 겸손해야할 때
다시 시작할 무엇도 부족한
나는 혼자다

너를 사랑하기 힘들다

그냥 지나가라

너는, 오직
현재의 꿈에 취해 흔들리겠지만
보이는 것이 전부는 아니다

그러나 성경의 마지막 구절처럼
사랑만 있다면
진지한 키스를 하지 못할 이유는 없다

미인

갸름한 얼굴
순박하지만 빛나는 외모

탱탱하고 뽀얀 피부
날렵한 몸매,

요염한 자태의 향기

사내들은 미쳐 날뛰었다

한때
세상을 설레이게 한 미인이었다

천천히, 세월없이 걷는
저 할머니의 뒷 모습을 보면

20세,
뜨겁고도 붉은,

피가 튀는
젊음의 한때가 보인다

박인태 제4시집

사랑은 너에게 맡긴다

초판1쇄 발행 2016년 10월 24일

지은이 박인태
펴낸이 이길안
펴낸곳 세종출판사

주소 부산광역시 중구 흑교로 71번길 12 (보수동2가)
전화 463－5898, 253－2213~5
팩스 248－4880
전자우편 sjpl@chol.com
출판등록 제02-01-96

ISBN 979-11-5979-077-5-03810

정가 10,000원